UNION INTERNATIONALE

POUR LA PROTECTION DE LA

PROPRIÉTÉ INDUSTRIELLE

UNION INTERNATIONALE

POUR LA PROTECTION DE LA

PROPRIÉTÉ INDUSTRIELLE

CONVENTION DE PARIS DU 20 MARS 1883

MODIFIÉE ET COMPLÉTÉE

PAR LES

CONFÉRENCES DE ROME, DE MADRID ET DE BRUXELLES

TEXTE ANNOTÉ ET PUBLIÉ

PAR

Charles CONSTANT

AVOCAT A LA COUR D'APPEL DE PARIS

———

EXTRAIT DE LA *FRANCE JUDICIAIRE*

———

PARIS

A. PEDONE, ÉDITEUR

LIBRAIRE DE LA COUR D'APPEL ET DE L'ORDRE DES AVOCATS

13, RUE SOUFFLOT, 13

—

1901

UNION INTERNATIONALE

POUR LA PROTECTION DE LA

PROPRIÉTÉ INDUSTRIELLE

En 1892, nous avons déjà publié (1) le texte annoté de la Convention de Paris du 20 mars 1883, modifiée ou complétée par les Conférences de Rome (1886) et de Madrid (1890). Nous croyons devoir rééditer ce travail en tenant compte des modifications importantes apportées à la Convention par les Conférences de Bruxelles de 1897 et de 1900.

* *

Assurer aux industriels, contre la concurrence déloyale et la fraude, la protection de leurs inventions, de leurs marques, de leurs dessins ou modèles, non seulement dans les limites du territoire national, mais encore au-delà des frontières, tel a été le but de la Convention internationale conclue à Paris le 20 mars 1883, entre la Belgique, le Brésil, l'Espagne, la France, le Guatémala, l'Italie, les Pays-Bas, le Portugal, le Salvador (2), la Serbie et la Suisse.

Cette convention d'union, dont les premières bases avaient été posées à Vienne (Autriche) dès 1873, et qui a donné lieu à des discussions approfondies lors du Congrès international de Paris en 1878, a été successivement ratifiée par toutes les parties contractantes (3).

Objet d'un certain nombre de critiques (4), la Convention internationale de 1883 pour la protection de la propriété industrielle n'en a pas moins reçu l'approbation de plusieurs grandes puissances qui, successivement, ont déclaré vouloir y adhérer, comme leur en donnait le droit l'article 16 de ladite convention. Ce sont : la Grande-Bretagne (17 mars 1884), la Tunisie (20 mars 1884), la Suède et la Norvège (1er juillet 1885), les États-Unis (30 mai 1887), la République Dominicaine (11 juillet 1890), la Nouvelle-Zélande et le Queensland (7 septembre 1891), le Danemark (1er octobre 1894) et le Japon (15 juillet 1899).

En sorte qu'aujourd'hui, à la date du 1er janvier 1901, l'Union comprend les pays suivants :

Belgique — Brésil — Danemark avec les îles Féroé — République Dominicaine — Espagne — États-Unis — France avec l'Algérie et ses Colonies (5) — Grande-Bretagne avec la Nouvelle-

---

(1) Brochure in-8° de 31 pages; Paris, A. Pedone, éditeur.

(2) Le Salvador s'est retiré de l'Union le 17 août 1887.

(3) En France, une loi du 25 janvier 1884 a approuvé la Convention du 20 mars 1883 et un décret du 6 juillet suivant en a prescrit la promulgation.

(4) Consulter notamment les débats parlementaires qui ont eu lieu, en avril 1892, devant le parlement français.

(5) L'Administration française a communiqué (mai 1901) au Bureau international une liste des possessions françaises comprises dans l'Union. Ce sont les suivantes : Martinique ; Réunion ; Guadeloupe et dépendances ; Saint-Pierre-et-Miquelon ; Guyane ; Sénégal et Soudan ; Guinée française ; Côte d'Ivoire, Dahomey, Congo français ; Mayotte ; Nossi-Bé ; Établisse-

Zélande et le Queensland — Italie — Japon — Norvège — Pays-Bas avec les Indes Néerlandaises, Surinam et Curaçao — Portugal avec les Açores et Madère — Serbie — Suède — Suisse — Tunisie.

****

La Convention de 1883, qui a déjà rendu de très grands services aux ressortissants des divers États adhérents, est d'ailleurs susceptible d'améliorations et peut être soumise à des revisions périodiques. C'est ainsi que l'on a examiné, dans deux Conférences diplomatiques tenues à Rome en 1886 et à Madrid en 1890, certaines des modifications qui pourraient lui être apportées. Une troisième Conférence s'est réunie à Bruxelles dans le même but, du 1er au 14 décembre 1897 et a prorogé ses travaux, qui se sont terminés dans une seconde session, tenue également à Bruxelles du 11 au 15 décembre 1900.

Les Conférences de Rome et de Madrid n'ont apporté aucune modification à la convention primitive, mais la conférence de Madrid a eu pour résultat d'amener la conclusion d'Unions restreintes (arrangements du 14 avril 1891) — entre le Brésil, l'Espagne, la France, la Grande-Bretagne, le Portugal, la Suisse et la Tunisie — pour la répression des fausses indications de provenance, et — entre la Belgique, le Brésil, l'Espagne, la France, l'Italie, les Pays-Bas, le Portugal, la Suisse et la Tunisie, — pour l'enregistrement international des marques de fabrique ou de commerce.

Ces deux arrangements sont, en outre, applicables dans les colonies respectives des pays adhérents, désignées comme participant à l'Union générale de 1883.

Les Conférences de Bruxelles ont abouti, au contraire, à la rédaction de deux protocoles : l'un se rapportant à la convention générale du 20 mars 1883, l'autre à l'arrangement du 14 avril 1891 relatif à l'enregistrement international des marques de fabrique ou de commerce.

Ces deux actes additionnels portent la date du 14 décembre 1900. Le premier aura même valeur et durée que la Convention du 20 mars 1883 ; le second, même valeur et durée que l'Arrangement du 14 avril 1891. Tous deux devront être ratifiés au plus tard dans un délai de dix-huit mois à dater du jour de la signature et entreront en vigueur trois mois après la clôture du procès-verbal de dépôt.

****

Avant de donner, avec quelques commentaires, le texte des divers articles de la Convention du 20 mars 1883, en voici l'économie générale :

Il est établi une Union entre les différents États signataires de la convention et ceux qui y adhéreront par la suite, pour la protection de la propriété industrielle (brevets d'invention, marques de fabrique ou de commerce, dessins ou modèles industriels, concurrence déloyale). — L'Union décide la création à Berne d'un bureau international qui doit centraliser tous les renseignements relatifs à la propriété industrielle. — Les États qui composent l'Union ont le droit d'établir entre quelques-uns d'entre eux des *unions restreintes* contenant des arrangements particuliers pour la propriété industrielle, en tant que ces arrangements ne contiennent aucune disposition contraire à la convention qui régit l'Union tout entière.

Les sujets et citoyens des États contractants jouissent, dans les autres États de l'Union, des avantages accordés aux nationaux, après s'être conformés aux prescriptions de la législation

---

ments français de l'Inde ; Nouvelle Calédonie ; Etablissements français de l'Océanie ; Madagascar et dépendances ; Obock et Djibouti ; Indochine (Cochinchine, Cambodge, Annam et Tonkin).

intérieure de chaque Etat. La Convention ne repose pas sur un principe de réciprocité allant jusqu'à garantir dans toute l'Union l'identité de traitement; elle se borne (ce qui est déjà très important) à proclamer l'assimilation des étrangers aux nationaux.

Les étrangers qui n'appartiennent à aucune des puissances faisant partie de l'Union sont assimilés aux citoyens et sujets de l'Union, s'ils sont domiciliés dans un des Etats de l'Union ou s'ils y possèdent un établissement industriel ou commercial, effectif et sérieux.

Des délais de *priorité* sont établis en faveur des brevets et des modèles (douze mois pour un brevet et quatre mois pour les dessins ou modèles industriels, ainsi que pour les marques de fabrique ou de commerce. Pendant ces délais, on ne peut, dans aucun des Etats de l'Union, opposer ni un dépôt antérieur, ni la publication de l'invention, ni son exploitation par un tiers, ni la mise en vente des dessins ou modèles, ni l'emploi de la marque de fabrique ou de commerce. Rien de tout cela ne peut être opposé à un inventeur qui aura fait régulièrement le dépôt d'une demande de brevet, d'un dessin, d'un modèle, d'une marque de fabrique ou de commerce dans l'un des Etats contractants Le breveté restera, d'ailleurs. soumis à l'obligation d'exploiter son brevet conformément aux lois du pays où il introduit les objets brevetés.

Les marques de fabrique, qui ont fait l'objet d'un dépôt régulier dans le pays d'origine, sont admises au dépôt et protégées, *telles quelles*, dans tous les autres pays de l'Union.

Le nom commercial est protégé dans les pays de l'Union sous l'obligation du dépôt, qu'il soit ou non accompagné d'une marque de fabrique. Les produits, qui portent un nom commercial ou une marque de fabrique illicites. sont saisis à l'importation. La fausse indication de provenance donne également lieu à la saisie, si le contrefacteur ajoute à l'indication mensongère dont son produit est revêtu un nom fictif ou emprunté, dans une intention frauduleuse.

La simple énumération des traits principaux de la Convention du 20 mars 1883 en montre l'importance, et, si l'on songe qu'elle s'applique à des populations de près de 150 millions d'âmes. il est facile d'apprécier quels services elle peut rendre au commerce et à l'industrie.

⁂

Protection de la Propriété industrielle.
Convention de Paris du 20 mars 1883
*modifiée par l'Acte additionnel
du 14 décembre 1900.*

Art. 1ᵉʳ. — *Les gouvernements de la Belgique, du Brésil, de l'Espagne. de la France, du Guatémala, de l'Italie, des Pays-Bas, du Portugal, du Salvador, de la Serbie et de la Suisse, sont constituées à l'état d'Union pour la protection de la propriété industrielle.*

1. — Depuis la signature de la Convention du 20 mars 1883, la Grande-Bretagne, la Tunisie. la Suède, la Norvège, la République Dominicaine. les États-Unis d'Amérique du Nord, le Danemark, la Nouvelle-Zélande et le Queensland. le Japon ont successivement adhéré à cette convention.

Par contre, le Salvador a cessé, le 17 août 1887. de faire partie de l'Union, ainsi que l'Equateur, qui y avait adhéré du 21 décembre 1883 au 26 décembre 1886.

2. — Les mots *propriété industrielle*. employés par l'article 1ᵉʳ de la Convention de 1883, doivent être entendus dans leur acception la plus large. Le paragraphe 1ᵉʳ du protocole de clôture s'exprime, en effet, en ces termes : « Les mots *propriété industrielle* doivent être entendus dans leur

acception la plus large, en ce sens qu'ils s'appliquent non seulement aux produits de l'industrie proprement dite, mais également aux produits de l'agriculture (vins, grains, fruits, bestiaux, etc.) et aux produits minéraux livrés au commerce (eaux minérales, etc.\) »

Art. 2. — Les sujets ou citoyens de chacun des États contractants jouiront, dans tous les autres États de l'Union, en ce qui concerne les brevets d'invention, les dessins ou modèles industriels, les marques de fabrique ou de commerce et le nom commercial, des avantages que les lois respectives accordent actuellement ou accorderont par la suite aux nationaux. En conséquence, ils auront la même protection que ceux-ci et le même recours légal contre toute atteinte portée à leurs droits, sous réserve de l'accomplissement des formalités et des conditions imposées aux nationaux par la législation intérieure de chaque État.

1. — Sous le nom de *brevets d'invention* doivent être comprises les diverses espèces de brevets industriels admises par les législations des États contractants, telles que brevets d'importation, brevets de perfectionnement, etc. C'est ce que dit textuellement le paragraphe 2 du protocole de clôture de la Convention de 1883.

2. — La Conférence de Rome de 1886 a émis le vœu suivant : « Les États faisant partie de l'Union, qui ne possèdent pas de lois sur toutes les branches de la propriété industrielle, devront compléter, dans le plus bref délai possible, leur législation sur ce point. »

Ce vœu a été entendu et c'est ainsi que, depuis 1883, les législations internes de divers pays se sont enrichies de nombreuses lois en matière de brevets, de marques, de dessins ou modèles de fabrique. On peut s'en convaincre par l'examen du tableau suivant, qui donne les dates des documents législatifs les plus récents, dans divers pays, en matière de propriété industrielle.

Dates des lois actuellement en vigueur dans divers pays.

NOMS DES PAYS	BREVETS	MARQUES DE FABRIQUE	DESSINS ET MODÈLES
Allemagne	7 Avril 1896.	12 Mai 1894.	11 Janvier 1876.
Autriche	11 Janvier 1897.	6 Janvier 1890.	7 Décembre 1858.
Belgique	24 Mars 1854.	1er Avril 1879.	18 Mars 1806.
Brésil	14 Octobre 1882.	» »	14 Octobre 1887.
Danemark	13 Avril 1894.	11 Avril 1890.	» »
Espagne	30 Juillet 1878.	20 Novembre 1850.	» »
Etats-Unis	9 Février 1897.	3 Mars 1881.	9 Février 1897.
France	5 Juillet 1844.	23 Juin 1857.	18 Mars 1806.
Grande-Bretagne	25 Août 1883.	25 Août 1883.	25 Août 1883.
Hongrie	14 Juillet 1895.	4 Février 1890.	7 Décembre 1858.
Italie	30 Octobre 1859.	30 Août 1868.	30 Août 1868
Japon	2 Mars 1899.	2 Mars 1899.	2 Mars 1899.
Luxembourg	30 Juin 1880.	28 Mars 1883	28 Novembre 1889.
Mexique	14 Juin 1890.	28 Novembre 1889.	» »
Norvège	16 Juin 1895.	26 Mai 1884.	» »
Portugal	21 Mai 1896.	21 Mai 1896.	21 Mai 1896.
Pays-Bas	» »	30 Septembre 1893.	» »
Russie	20 Mai 1896.	26 Février 1896.	» »
République Dominicaine	12 Juin 1896.	» »	» »
Suède	16 Mai 1884.	5 Juillet 1884.	10 Juillet 1899.
Suisse	29 Juin 1888.	26 Septembre 1890.	21 Décembre 1888.
Serbie	» »	30 Mai 1884.	30 Mai 1884.
Tunisie	26 décembre 1888.	3 Juin 1889.	» »

3. — La disposition finale de l'article 2 de la Convention ci-dessus ne porte aucune atteinte à la législation de chacun des Etats contractants en ce qui concerne la procédure suivie devant les tribunaux et la compétence de ces tribunaux. — C'est ce qui a été formellement reconnu par le paragraphe 4 du protocole de clôture de la Convention de 1883.

D'ailleurs, ainsi qu'on peut facilement s'en convaincre, par la simple lecture du texte de la Convention de 1883, celle-ci ne repose pas sur l'adoption d'une législation commune entre les Etats contractants ; elle est fondée plutôt sur l'attribution aux citoyens des Etats confédérés des droits conférés par chacun de ces États à ses nationaux dans son territoire, et sur l'extension à ces divers territoires du bénéfice de certains actes opérés dans chacun d'eux. Les signataires de la Convention n'ont nullement entendu faire échec à la législation de chacun des pays contractants ; ils ont seulement voulu, dans le cas où ces législations seraient insuffisantes ou inefficaces, fournir aux intéressés de nouveaux moyens de combattre les fraudes contre lesquelles ils peuvent avoir à se défendre.

Art. 3. — *Sont assimilés aux sujets ou citoyens des États contractants, les sujets ou citoyens des États ne faisant pas partie de l'Union, qui sont domiciliés ou ont des établissements industriels ou commerciaux, effectifs et sérieux, sur le territoire de l'un des États de l'Union.*

1. — Les mots *effectifs et sérieux* ont été ajoutés par l'acte additionnel du 14 décembre 1900. Cet ajouté a eu pour objet d'empêcher les industriels et commerçants non unionistes de s'assurer les bénéfices de la Convention en créant un établissement fictif dans l'un des Etats contractants.

2. — La Conférence de Rome de 1886 avait déjà expliqué le sens de l'article 3 ci-dessus en ces termes : « Pour pouvoir être assimilés aux sujets ou citoyens des États contractants, les sujets ou citoyens d'États ne faisant pas partie de l'Union et qui, sans y avoir leur domicile, possèdent des établissements industriels ou commerciaux sur le territoire d'un des États de l'Union, doivent être propriétaires exclusifs desdits établissements, y être représentés par un mandataire général, et justifier, en cas de contestation, qu'ils y exercent d'une manière réelle et continue leur industrie ou leur commerce. »

3. — La Conférence de Madrid de 1890 avait donné de l'article 3 à peu près la même explication : « Est assimilé aux sujets ou citoyens des États contractants, — dit le § 1er du protocole IV, — le sujet ou citoyen d'un Etat ne faisant pas partie de l'Union qui est domicilié ou possède ses principaux établissements industriels ou commerciaux sur le territoire de l'un des États contractants. »

Art. 4. — *Celui qui aura régulièrement fait le dépôt d'une demande de brevet d'invention, d'un dessin ou modèle industriel, d'une marque de fabrique ou de commerce, dans l'un des États contractants, jouira, pour effectuer le dépôt dans les autres États, et sous réserve des droits des tiers, d'un droit de priorité pendant les délais déterminés ci-après.*

En conséquence, le dépôt ultérieurement opéré dans l'un des autres États de l'Union, avant l'expiration de ces délais, ne pourra être invalidé par des faits accomplis dans l'intervalle, soit, notamment, par un autre dépôt, par la publication de l'invention ou son exploitation (1), *par la mise en vente d'exemplaires du des-*

---

(1) La Convention de 1883 ajoutait : « ou son exploitation *par un tiers* » Ces trois derniers mots ont été supprimés par l'Acte additionnel du 14 décembre 1900, afin qu'il soit bien entendu, désormais (ce qui avait été soutenu en justice, d'ailleurs sans suc-

sin ou du modèle, par l'emploi de la marque.

Les délais de priorité mentionnés ci-dessus seront de douze mois pour les brevets d'invention, et de quatre mois pour les dessins ou modèles industriels, ainsi que pour les marques de fabrique ou de commerce.

1. — Les délais de priorité étaient de *six* et de *trois* mois dans la Convention de 1883 ; c'est l'Acte additionnel du 14 décembre 1900 qui les a portés à *douze* et à *quatre* mois.

Cette augmentation notable des délais de priorité intéresse surtout les États dont la législation admet l'examen préalable des brevets. Leurs nationaux ont, en effet, intérêt à attendre le résultat de cet examen préalable, ou du moins à ne déposer leurs demandes de brevet à l'étranger qu'après s'être rendu compte, dans une certaine mesure, des objections qui sont opposées à leurs demandes dans leur pays d'origine.

Nous croyons que, dans l'application de ces nouveaux délais, il ne devra plus être fait de différence en ce qui concerne les pays d'outre-mer.

2. — Il convient de noter que le point de départ du délai de priorité établi par l'article 4 ci-dessus, est la date du dépôt de la première *demande* du brevet dans un pays de l'Union : la date de la *délivrance* du brevet ne joue aucun rôle, ni pour le calcul du délai de priorité, ni pour aucune application de la Convention.

L'invention qui a donné lieu à la première demande de brevet peut encore être valablement brevetée dans un autre pays, en vertu d'une demande déposée même après l'expiration du délai de priorité, si, lors du dépôt de cette demande, l'invention possède encore la nouveauté requise par la législation nationale du pays où a lieu le dépôt. On retombe alors dans le droit commun (1).

3. — Le but de l'article 4 est de garantir l'inventeur ou le fabricant, qui dépose dans un des pays de l'Union sa demande de brevet, sa marque, son modèle ou son dessin, contre les effets destructifs de la nouveauté que le législateur d'un autre pays de l'Union pourrait attribuer à ce dépôt, ou autres faits ayant eu lieu pendant un certain laps de temps.

« Un étranger (disait M. Bozérian, séance du 8 novembre 1880), verra souvent ses droits perdus en France, parce qu'il aura pris, antérieurement au dépôt qu'il y aura effectué, un brevet dans son propre pays et que, dès lors, son invention ne sera plus nouvelle aux termes de la loi française. On a cherché un moyen pratique de remédier à cette situation..., c'est alors qu'on a proposé de décider que la déclaration dans un des pays contractants vaudrait déclaration dans tous les autres. Le déposant n'aura pas un brevet pour cela, mais il pourra l'obtenir dans un certain délai sans encourir une déchéance pour absence de nouveauté. »

Le but de l'article 4 nous parait ainsi défini avec une grande netteté.

4. — Toute personne admise à jouir du bénéfice de la Convention peut librement choisir le pays de l'Union où elle déposera sa première demande de brevet. Aucune disposition n'apparait sur ce point en sens contraire dans le texte de la Convention, alors qu'en matière de marques, l'article 6 prescrit le dépôt « dans le pays d'origine », c'est-à-dire dans le pays où l'intéressé est domicilié ou établi, avant qu'il puisse être effectuée dans les autres pays de l'Union.

5. — Le dépôt, dans un des pays de l'Union, d'une demande de brevet,

---

cès), que l'exploitation de l'invention *par l'inventeur* lui-même, pendant le délai de priorité, ne saurait entraîner la nullité du brevet.

(1) Avis du Bureau international (*Prop. ind.*, mai 1901).

d'une marque, d'un dessin ou d'un modèle, donne un droit de priorité dans tous les autres, sauf le cas où, dans ces autres pays, on se trouverait en présence d'un dépôt opéré *antérieurement* à celui sur lequel on prétend fonder la priorité ; c'est ce qui résulte clairement, selon nous, du second alinéa de l'article 4, aux termes duquel « le dépôt ultérieurement opéré... ne peut être invalidé par des faits accomplis dans l'intervalle... » Le dépôt ne confère donc un droit de priorité que contre les dépôts opérés dans l'*intervalle*. C'est ce que veulent dire également, à notre sens, les expressions « sous réserve des droits des tiers », qu'on rencontre dans le premier alinéa de ce même article.

On a soutenu d'ailleurs que. du moment où l'alinéa 2 parlait des faits accomplis dans l'intervalle, la réserve du 1er alinéa devenait inutile (1), et la suppression des mots « *sous réserve des droits des tiers* » dudit alinéa premier a été demandée à la Conférence de Bruxelles de 1900. Cette suppression n'a pas été votée et le rapporteur de la sous-commission chargée de l'examen des questions se rapportant à l'article 4 en a exposé les raisons en ces termes : « Il peut arriver que quelques États reconnaissent la légitimité de possession de certaines personnes qui, dans des cas déterminés, auraient entrepris de bonne foi l'exploitation d'une invention et dont les droits pourraient être reconnus sans faire échec au droit de priorité. Les mots « sous réserve des droits des tiers » ne sont donc pas inutiles. »

6. — Si un brevet soumis à l'examen préalable dans le pays d'origine a été modifié par suite de cet examen, cette circonstance est sans influence sur l'exercice du droit de priorité. Cette proposition a paru à la Conférence de Bruxelles découler si naturellement du texte de l'article 4 qu'elle n'a pas cru devoir, sur la demande de la délégation des États-Unis, en faire l'objet d'une stipulation expresse.

7. — Dans les pays de l'Union où une demande déposée pendant le délai de priorité a abouti à la délivrance d'un brevet, la nouveauté légale de l'invention doit être appréciée d'après la date et la teneur de la première demande déposée dans un Etat contractant, alors même que cette demande aurait abouti à un refus ou à un brevet ultérieurement frappé de nullité (2).

8. — L'Enregistrement international des marques, créé par l'un des Arrangements de Madrid du 14 avril 1891, ne rend pas inutile le délai de priorité, stipulé dans l'article 4, de quatre mois pour les marques de fabrique et de commerce. En effet, un seul dépôt de la marque n'assure pas la protection légale à la fois dans le pays d'origine et dans les divers Etats contractants. Le dépôt national doit précéder le dépôt international ; le délai de priorité est donc utile pour protéger la marque au moins pendant le temps qui s'écoule entre le dépôt national et le dépôt international.

9. — Les négociants, placés au bénéfice de l'Union, ne sont pas forclos du droit de faire protéger leurs marques, pour le motif qu'ils n'auraient pas profité du délai de priorité fixé par l'article 4 de la Convention (3).

10. — Un Français peut se faire breveter d'abord dans un des pays de l'Union et invoquer ensuite le droit de priorité prévu par l'article 4 de la Convention de 1883.

11. — Si, après avoir déposé sa pre-

---

(1) M. Alexandre Pilenco, *Le droit des tiers dans l'article 4 de la convention du 20 mars 1883* (*La propriété industrielle*, 1897, p. 104).

(2) Avis du Bureau international, (*Prop. ind*, juin 1901).

(3) En ce sens : Douai, 12 mai 1891 ; Clunet, 93, 883 ; Trib. Lille, 15 décembre 1896 ; *idem*, 91, 1214).

mière demande dans l'un des Etats contractants, l'inventeur unioniste cède son brevet et tous les droits que son dépôt lui a acquis à l'étranger, nous croyons que le cessionnaire de ce brevet et de ces droits peut jouir du délai de priorité établi par l'article 4 en faisant valoir la transmission de droits effectuée à son profit ; mais il sera toujours plus sûr de présenter les demandes de brevet dans les divers pays au nom du déposant originaire et de les faire ensuite transférer à ses concessionnaires (1).

12. — Une personne possédant une fabrique en France peut seule déposer valablement un dessin ou un modèle industriel dans ce pays (2).

13. — Les objets, protégés en Allemagne par le dépôt d'un modèle d'utilité, ne nous paraissent pas facilement protégeables en France puisque, d'après la loi allemande, toute personne est en droit de prendre connaissance des modèles d'utilité déposés. La divulgation de ce modèle antérieure au dépôt entraîne la nullité de celui-ci et empêche le droit privatif de l'auteur allemand d'être consacré par la loi française.

Pour la même raison (divulgation du modèle d'utilité), il nous paraît impossible de déposer valablement en France une demande de brevet pour une invention pour laquelle un modèle d'utilité a déjà été déposée en Allemagne. Un modèle dont l'enregistrement a été publié dans le *Reichsanzeiger* ne jouit plus de la nouveauté requise par la loi française sur les brevets (3).

ART. 4 bis. — *Les brevets demandés dans les différents États contractants par des personnes admises au bénéfice de la Convention, aux termes des articles 2 et 3, seront indépendants des brevets obtenus pour la même invention dans les autres États adhérents ou non à l'Union.*

Cette disposition s'appliquera aux brevets existants au moment de sa mise en vigueur.

Il en sera de même, en cas d'accession de nouveaux États, pour les brevets existant de part et d'autre au moment de l'accession.

1. — Les Conférences de Rome et de Madrid avaient déjà adopté le principe de l'*indépendance des brevets* que la Conférence de Bruxelles a sanctionné par l'article 4 bis ci-dessus.

En posant le principe que les brevets délivrés à un unioniste dans les divers États contractants sont absolument indépendants les uns des autres quant à leur durée, la Conférence a rendu un grand service aux inventeurs, qui n'auront plus besoin de maintenir un brevet en vigueur dans un pays où il ne leur est d'aucune utilité, afin de ne pas compromettre la validité d'un autre brevet, délivré à une date postérieure dans un autre pays où il donne lieu à une exploitation fructueuse.

ART. 5. — *L'introduction par le breveté, dans le pays où le brevet a été délivré, d'objets fabriqués dans l'un ou l'autre des États de l'Union, n'entraînera pas la déchéance.*

Toutefois, le breveté restera soumis à l'obligation d'exploiter son brevet conformément aux lois du pays où il introduit les objets brevetés.

1. — L'article 5 de la Convention a pour but non de supprimer l'*exploitation* obligatoire des inventions dans les pays où la loi l'exige, mais d'abolir la *déchéance pour cause d'introduction* de l'objet breveté. « Grâce à cette disposition, le breveté étranger peut introduire en France, sans crainte de la déchéance, la machine inventée par lui, et faire ainsi connaître aux personnes auxquelles il voudrait vendre

---

(1) Avis du Bureau international (*Prop. ind.*, avril 1900).

(2) En ce sens un arrêt de la cour de Paris du 20 mai 1898, fort critiqué d'ail-

leurs par presque tous les jurisconsultes.

(3) Avis du Bureau international (*Prop. ind.*, juillet 1900).

son brevet ou offrir une licence d'exploitation. Il peut aussi, pendant les deux ans qui suivent la délivrance du brevet, se rendre compte, par la vente du produit importé, si la consommation est assez considérable pour justifier l'établissement de la fabrication dans le pays. Ces avantages ne sont pas à dédaigner (1). »

2. — La Conférence de Rome de 1886 avait proposé d'ajouter à l'article 5 de la Convention de 1883 le paragraphe suivant : « Chaque pays aura à déterminer le sens dans lequel il y a lieu d'interpréter chez lui le terme *exploiter*. » — La Conférence de Madrid de 1890 avait reproduit la même idée en termes à peu près identiques : « Chaque pays pourra déterminer le sens dans lequel il y a lieu d'interpréter chez lui le terme *exploiter*, au point de vue de l'application de l'article 5 de la Convention. »

Quelques États, signataires de la Convention de 1883, soutiennent, en effet, que le mot *exploiter* veut dire seulement *vendre*, tandis que d'autres prétendent qu'il signifie *fabriquer*.

En France, le mot « exploiter » est interprété dans le sens de « fabriquer ». Il ne suffirait donc pas aux étrangers qui sont brevetés en France de vendre leurs produits en France pour que leurs brevets conservent leur validité, ils seraient encore obligés d'y fabriquer ces produits.

3. — La Conférence de Bruxelles, par Acte additionnel du 14 décembre 1900, a ajouté au protocole de clôture de la Convention du 10 mars 1883, un numéro 3bis ainsi conçu :

« Le breveté, dans chaque pays, ne pourra être frappé de déchéance pour cause de non exploitation qu'après un délai minimum de trois ans, à dater du dépôt de la demande dans le pays dont il s'agit, et dans le cas où le breveté ne justifierait pas des causes de son inaction. »

Le délai de trois ans a paru suffisant pour permettre à un inventeur de prendre, dans les meilleures conditions de réflexion et d'économie, les dispositions nécessaires à l'installation des divers établissements industriels qu'on exige de lui, tant dans son pays d'origine que dans les autres États unionistes où il a fait également breveter son invention.

D'autre part, tout en admettant des « cas d'excusabilité », il a bien été entendu, à la demande des délégués français. (procès-verbal de la séance du 12 décembre 1900) que « le pouvoir d'appréciation des tribunaux demeure absolu. Aucune excuse péremptoire ne peut être formulée d'avance. D'après les circonstances de chaque affaire, il appartiendra aux autorités de juger si le breveté justifie ou non de causes sérieuses pour expliquer son inaction. »

4. — La déchéance pour défaut d'exploitation du brevet devrait être à notre sens supprimée ; le mot *exploiter* devrait, en tous cas, recevoir une interprétation libérale de nature à assurer à l'inventeur, dans tous les pays unionistes sans exception, la protection à laquelle il a droit. Il y aurait lieu, selon nous, comme en matière d'introduction, de considérer les frontières des pays unionistes comme n'existant pas et d'admettre par suite qu'un objet fabriqué dans l'un de ces pays est réputé fabriqué dans les autres (2).

« Il est nécessaire dans l'avenir d'abandonner, en principe, l'obligation d'exploiter. » — Ce vœu, exprimé par le Congrès international de la propriété industrielle qui s'est tenu à Vienne au mois d'octobre 1897, serait évidemment l'idéal s'il était accueilli par les législations internes des pays unio-

<hr>

(1) Avis du Bureau international (*Prop. ind*, mai 1898).

(2) Consultez à ce sujet: Ch. Constant, *Déchéance du brevet pour défaut d'exploitation*, nécessité de déterminer le sens du mot « exploiter » employé dans l'article 5 de la Convention internationale du 20 mars 1883 (*Fr. jud.*, 1897, 1re partie, p. 281, et 1898, p. 141).

nistes. Mais, en attendant, il suffirait de s'entendre sur le sens du mot *exploiter* et, s'il était clairement expliqué dans un protocole que l'obligation d'exploiter ce qui fait l'objet du brevet n'entraîne jamais celle de *fabriquer* le produit nouveau ou la machine nouvelle, dans chacun des pays où l'inventeur a pris un brevet, ainsi restreinte, l'obligation d'exploiter pourrait, à la rigueur, se comprendre et être admise.

Tant qu'on ne voudra pas ajouter au second paragraphe de l'article 5 de la Convention de 1883 une disposition claire à ce sujet (1), il nous sera impossible d'admettre que, après avoir accordé au breveté (art. 5, § 1er) la *faculté d'introduire*, dans tous les Etats de l'Union où le brevet lui aura été délivré, des objets fabriqués dans l'un ou l'autre de ces Etats, et ce sans limites, pendant toute la durée du brevet, on puisse lui imposer (§ 2) l'*obligation d'exploiter* son invention dans chacun des Etats où le brevet lui aura été délivré, si la législation de ceux-ci le prescrit.

Nous ne pouvons croire que les diplomates qui ont rédigé la Convention de 1883 et les législateurs des divers Etats, qui ont approuvé cette convention, aient pu avoir la pensée de mettre l'inventeur, à peine de déchéance de son brevet, dans l'obligation d'installer, dans chacun des pays de l'Union, des usines pour *fabriquer* ce qui est l'objet de son brevet et dont les produits viendront nécessairement en concurrence avec ceux que ce même breveté peut librement *introduire* sans encourir de déchéance !

5. — Lors de la Conférence de Bruxelles de 1900, le Bureau international de Berne avait présenté un projet d'Arrangement supprimant la déchéance pour défaut d'exploitation en matière de dessins ou modèles industriels, et atténuant la rigueur de cette cause de déchéance en ce qui concerne les brevets d'invention. La question de la non exploitation des dessins ou modèles n'a pas même été abordée par la Conférence, et, en ce qui concerne les brevets, elle s'est bornée à ajouter au protocole de clôture de la Convention de 1883 un paragraphe 3 bis dont nous avons transcrit le texte plus haut.

La question relative à la déchéance du brevet pour défaut d'exploitation dans un délai déterminé n'a pas reçu, on le voit, une solution radicale et les *causes d'inaction* que le breveté pourra invoquer ne seront pas sans soulever bien des difficultés d'appréciation dans les divers pays unionistes. Il eût fallu. ce nous semble, spécifier, au moins à titre d'exemples, quelques-unes des causes pouvant justifier l'inaction.

6. — Il n'y a pas violation de l'article 5 de la Convention dans le fait que les Suisses brevetés en France sont tenus, à peine de déchéance, d'exploiter leurs brevets dans ce pays, tandis que les Français titulaires de brevets français conservent leurs brevets suisses alors même qu'ils ne fabriquent qu'en France. Cette différence s'explique par le fait que les législateurs des deux pays ne se sont pas placés au même point de vue en ce qui concerne l'exploitation des inventions brevetés. En France, la déchéance du brevet est prononcée si l'invention n'est pas exploitée (2) dans le pays dans le délai de deux ans ; tandis qu'en Suisse, la déchéance n'est encourue que si le propriétaire du brevet a refusé des demandes de licence suisses présentés sur des bases équitables, alors qu'il importe l'objet breveté de l'étranger. En Suisse, les brevetés étrangers ne jouissent donc pas d'un monopole absolu, même s'ils

---

(1) Nous avions au Congrès de Vienne (octobre 1897) proposé de dire : art. 5, § 2 — «...Toutefois, le breveté restera soumis à l'obligation d'exploiter son brevet conformément aux lois du pays où il introduit les objets brevetés, *sans pour cela être tenu d'y fabriquer les objets auxquels son brevet s'applique.* »

(2) *Exploiter*, pris dans le sens de *fabriquer.*

n'exploitent pas l'invention dans le pays, et s'ils importent tous les produits brevetés de dehors (1).

7. — Plusieurs législations ne protègent un dessin ou modèle industriel que s'il est exploité dans le pays. Ainsi un dessin déposé est frappé de déchéance : a) en Grande Bretagne, quand il est utilisé à l'étranger et non dans le Royaume-Uni dans les six mois à partir de l'enregistrement ; b) en Italie, quand il n'est pas exploité dans l'année qui suit le dépôt ; c) en Serbie, quand il n'est pas exploité dans l'année de la date du dépôt, ou quand il figure sur des produits importés de l'étranger.

ART. 6. — *Toute marque de fabrique ou de commerce, régulièrement déposée dans le pays d'origine, sera admise au dépôt et protégée telle quelle dans tous les autres pays de l'Union.*

Sera considéré comme pays d'origine, le pays où le déposant a son principal établissement.

Si ce principal établissement n'est point situé dans un des pays de l'Union, sera considéré comme pays d'origine celui auquel appartient le déposant.

Le dépôt pourra être refusé, si l'objet pour lequel il est demandé est considéré comme contraire à la morale ou à l'ordre public.

1. — Il résulte du numero 4 du protocole de clôture de la Convention de 1883 que le paragraphe 1er de l'article 6 ci dessus doit être entendu en ce sens que « aucune marque de fabrique ou de commerce ne pourra être exclue de la protection dans l'un des Etats de l'Union par le fait seul qu'elle ne satisferait pas, au point de vue des signes qui la composent, aux conditions de la législation de cet État, pourvu qu'elle satisfasse, sur ce point, à la législation du pays d'origine et qu'elle ait été, dans ce dernier pays, l'objet d'un dépôt régulier. Sauf cette exception, qui ne concerne que la forme de la marque, et sous réserve des dispositions des autres articles de la Convention, la législation intérieure de chacun des États recevra son application.

« Pour éviter toute fausse interprétation, — ajoute le protocole, — il est entendu que l'usage des armoiries publiques et des décorations peut être considéré comme contraire à l'ordre public, dans le sens du paragraphe final de l'article 6. »

2. — Le paragraphe 5 du quatrième protocole de la Conférence de Madrid s'explique ainsi sur les marques de fabrique : « Les marques de fabrique municipales ou collectives seront protégées au même titre que les marques individuelles. — Le dépôt pourra en être effectué et l'usurpation poursuivie par toute autorité, association ou particulier intéressé. — Une marque de fabrique ne pourra tomber dans le domaine public dans l'un des États de l'Union aussi longtemps qu'elle sera l'objet d'un droit privatif dans le pays d'origine. »

3. — Lors de la Conférence de Bruxelles de 1900, la Délégation britannique proposa de désigner clairement, dans le protocole de clôture, les marques de fabrique ou de commerce dont le dépôt peut être refusé par les administrations unionistes. Une entente complète ne put se faire sur ce point, mais les autres Délégations estimèrent, d'ailleurs, que les dispositions de la Convention de 1883 étaient assez larges pour permettre à chaque administration unioniste de refuser les marques contraires à sa législation intérieure.

4. — On sait qu'il existe encore des divergences très grandes dans les lois nationales sur la question de savoir quels sont les *signes* qui peuvent être admis au dépôt comme marques de fabrique ou de commerce. Les unes admettent tous les signes caractéristiques permettant de distinguer les marchandises d'un fabricant de celles d'un concurrent, les autres indiquent

----

(1) Avis du Bureau international (*Prop. ind.*, mai 1898).

un certain nombre de signes qui ne peuvent être utilisés comme marques. En stipulant que la marque doit être protégée dans tous les Etats unionistes *telle qu'elle*, c'est-à-dire dans la forme sous laquelle elle est protégée dans le pays d'origine, l'article 6 de la Convention de 1883 a rendu un grand service.

5. — Il est fait toutefois une exception à cette règle si la marque est considérée « comme contraire à la morale ou à l'ordre public. » Si donc une marque provenant d'un autre Etat unioniste ne peut être rejetée par le seul fait de sa configuration extérieure, elle n'est pas nécessairement et dans tous les cas admise dans tous les autres Etats. Les marques immorales, tout le monde comprend leur exclusion ; mais les marques contraires à l'ordre public sont plus difficiles à définir. En effet, sous ces expressions « contraires à l'ordre public », on ne comprend pas uniquement les marques qui contiennent des inscriptions révolutionnaires ou des armoieries publiques dont l'emploi n'est pas autorisé ; certaines législations y comprennent aussi des marques qui, tout en ayant l'apparence d'une dénomination de fantaisie, consistent en une désignation usuelle du produit ou en termes descriptifs de ce dernier. De telles marques peuvent donc être rejetées, malgré les termes de l'article 6 de la Convention de 1883, en vertu de la règle qui veut que chaque Etat soit maître de déterminer ce qu'il considère comme contraire à l'ordre public.

6. — Pour faciliter *l'enregistrement des marques*, la Conférence de Madrid a adopté un arrangement spécial qui substitue, à l'enregistrement dans chaque État de l'Union, un enregistrement unique au bureau international de Berne. Cet arrangement, conclu le 14 avril 1891 et ratifié le 15 juin 1892, comprend douze articles dont nous donnons le texte plus loin (p. 22).

7. — Assurer le respect de la loyauté commerciale et garantir à chacun l'u-

sage exclusif des signes par lesquels il a entendu distinguer ses produits de ceux de ses concurrents, tel doit être l'objet et le but de toute législation sur les marques de fabrique et de commerce. Les signataires de la Convention internationale de 1883 l'ont bien compris, puisque, recherchant autant que possible l'unification des diverses législations, ils ont, dans l'article 6, posé le principe suivant : « Toute marque de fabrique ou de commerce, régulièrement déposée dans le pays d'origine, sera admise au dépôt et protégée telle quelle dans tous les autres pays de l'Union. » On ne pouvait dire en termes plus clairs et plus précis que la marque doit être protégée, dans tous les pays, d'après son statut personnel.

8. — Le vœu des rédacteurs de la Convention d'Union n'a pas été complètement exaucé ; plusieurs Etats, même parmi ceux qui ont adhéré à la Convention, ont conservé une législation sur les marques n'admettant pas le principe posé ci-dessus, et l'application de l'article 6 a rencontré, par suite, bien des résistances regrettables. D'autre part, la jurisprudence de certains tribunaux s'est efforcée en excluant les *mots* de limiter les signes distinctifs pouvant constituer une marque de fabrique.

9. — L'article 6 ne soumet que le fabricant étranger au dépôt préalable dans le pays de principal établissement. Quant aux nationaux, la Convention de 1883 n'a pas restreint leurs droits dans leur propre patrie. Les Français peuvent donc continuer à se prévaloir de l'article 6 de la loi française de 1857 aux termes duquel les étrangers et les Français dont les établissements sont situés hors de France jouissent du bénéfice de la loi pour les produits de ces établissements si, dans le pays où ils sont situés, des conventions diplomatiques ont établi la réciprocité pour les marques françaises. Avant la Convention de 1883, le citoyen français était affran-

chi de toute condition quand il avait des établissements en France, sans que la loi distinguât s'il s'agissait d'un établissement principal ou d'une succursale. Cette convention n'a pas modifié les conditions d'exercice des droits des Français établis en France. Dès lors, un Français, ayant son établissement principal à l'étranger et une simple succursale en France, s'assure la régularité de sa marque par le dépôt de celle-ci au greffe du tribunal dans le ressort duquel il possède ladite succursale (1).

10. — Dans les rapports internationaux de la Suisse et de la France, il a été jugé, par application de l'article 6, que le négociant établi dans l'un des deux pays, qui y dépose une marque valable d'après la législation en vigueur, peut la déposer dans l'autre Etat et l'y faire respecter, alors même que cette marque ne serait pas conforme aux prescriptions de la loi locale (2).

11. — La validité d'une marque étrangère, appartenant à une société établie dans un des pays de l'Union, doit être appréciée, non d'après les dispositions de la loi du pays où la marque est déposée, mais d'après celles de la loi du pays d'origine (3).

Mais la Convention internationale de 1883 ne prescrit l'application de la loi du pays d'origine qu'en ce qui concerne la forme des marques provenant de l'un des Etats contractants ; toutes les autres questions restent régies par la *lex fori* (4).

12. — La marque doit être déposée *telle quelle* et sans modification possible, lorsque le requérant est obligé d'invoquer son dépôt à l'étranger pour être autorisé à faire le dépôt contrairement à la loi du pays, mais dans les termes de l'article 6 de la Convention (5).

13. — L'étranger ne peut utilement déposer en France une marque dont le dépôt dans un pays n'aurait pas été effectué et ne serait ni régulier, ni valable (6).

14. — L'étranger ne peut avoir sur sa marque plus de droits en France que dans son pays d'origine et, si sa marque est tombée dans le domaine public de ce pays, elle ne peut plus être protégée en France, alors même que le dépôt, opéré en France, serait antérieur à l'usage de la même marque par des commerçants français (7).

15. — L'étranger ne peut utilement déposer en France une marque consistant en un mot de fantaisie lorsque, d'après la législation de son pays où ses usines sont établies, un tel signe distinctif n'est pas reconnu comme constituant une marque (8).

16. — L'étranger, dont la marque a été radiée dans son pays d'origine pour défaut de renouvellement, ne peut utilement invoquer la protection des lois françaises, alors même qu'il aurait procédé à un nouveau dépôt dans ledit pays d'origine, s'il a été fait usage en France de la marque litigieuse durant l'intervalle de temps où celle-ci n'était plus déposée dans son pays d'origine (9).

17. — Par le fait qu'une marque a été enregistrée internationalement, il est interdit d'en faire usage dans l'un quelconque des Etats contractants, et cela alors même que la marchandise sur laquelle on l'apposerait serait

---

(1) En ce sens : Tribunal de la Seine, 22 juillet 1895, confirmé par arrêt de Paris (4ᵉ Ch.) du 10 mars 1898 (Clunet, 99, p. 145).

(2) Trib féd. Suisse, 29 septembre 1888, Sirey, 89, 4, 17.

(3) Trib. féd. Suisse, 21 avril 1893, Sirey, 94, 4, 1.

(4) Trib. féd. Suisse, 25 avril 1896, Clunet, 97, 884.

(5) Trib. cor. Seine, 18 juin 1891, et la note, *Annales*, 94, 277, et Clunet, 91, 938.

(6) Trib. Seine, 30 avril 1888, et Paris, 24 janvier 1890, Clunet, 88, 808, et 90, 113 ; *Annales*, 94, 261 et la note.

(7) Trib Nancy, 16 juillet 1890, Clunet, 93, 559, et Trib. Seine, 20 mars 1895, *Idem*, 96, 152.

(8) Trib. Nancy, 16 juillet 1890, Clunet, 93, 559.

(9) Trib. Seine, 20 mars 1897, Clunet, 97, 556.

destinée à un pays où cette marque n'est protégée ni par un dépôt national, ni par un enregistrement effectué au Bureau international.

18. — Dans les pays qui ont adhéré à l'Arrangement de Madrid pour l'enregistrement international des marques, les propriétaires de celles-ci, au lieu d'utiliser cet enregistrement. peuvent toujours effectuer directement leurs dépôts auprès des administrations de ces pays (1).

19. — Lorsqu'une marque a été annulée dans le pays d'origine et ne jouit plus, par suite, de la protection légale, le seul moyen d'obtenir la *radiation internationale* de cette marque est de notifier cette annulation au Bureau international, conformément à l'article 9 de l'Arrangement de Madrid.

Dans le cas où le propriétaire d'une marque ne pourrait pas intenter dans le pays d'origine une action en nullité de sa marque imitée, il lui serait impossible de faire annuler en bloc l'enregistrement international; mais il pourrait intenter des actions dans chacun des États de l'Union restreinte de Madrid où un dépôt national, effectué à la même date que l'enregistrement international obtenu à Berne, lui eût conféré un droit exclusif sur la marque en cause (2).

ART. 7. — *La nature du produit sur lequel la marque de fabrique ou de commerce doit être apposée ne peut, dans aucun cas, faire obstacle au dépôt de la marque.*

Cette disposition vise les marques destinées à une marchandise dont la vente est interdite dans un pays, ou n'y est autorisée qu'après avoir subi un examen préalable : par exemple, les *produits pharmaceutiques*. En rendant possible l'enregistrement de ces marques, l'article 7 ci-dessus permet à l'intéressé de défendre sa marque contre toute appropriation jusqu'au jour où il lui sera permis de mettre dans le commerce la marchandise à laquelle elle s'applique.

ART. 8. — *Le nom commercial sera protégé dans tous les pays de l'Union sans obligation de dépôt, qu'il fasse ou non partie d'une marque de fabrique ou de commerce.*

1. — Les marques de fabrique contiennent souvent le nom de la maison dont elles désignent les marchandises et l'on avait posé la question de savoir si le nom commercial tombe dans le domaine public lorsque la marque qui le contient cesse, pour un motif quelconque, d'être protégé. L'article 8 ci-dessus assure la protection du nom commercial. qu'il fasse ou non partie d'une marque de fabrique ou de commerce. Dès lors, si une marque unioniste est radiée dans l'un des Etats contractants, son propriétaire ne peut plus perdre que les signes dont les éléments servaient à caractériser sa marque, son nom commercial continuant à être protégé contre toute usurpation.

2. — Il convient de remarquer que l'article 8 de la Convention de 1883, protège le nom commercial, sans l'accomplissement d'aucune formalité, dans tous les Etats unionistes alors que, dans plusieurs pays, les étrangers ne jouissent d'aucune protection en cette matière

ART. 9. — *Tout produit portant illicitement une marque de fabrique ou de commerce, ou un nom commercial, pourra être saisi à l'importation dans ceux des États de l'Union dans lesquels cette marque ou ce nom commercial ont droit à la protection.*

La saisie aura lieu à la requête soit du ministère public, soit de la partie intéressée conformément à la législation intérieure de chaque État.

Dans les États dont la législation n'admet pas la saisie à l'importation, cette saisie pourra être remplacée par la prohibition d'importation.

---

(1) Avis du Bureau international, *Prop. ind.*, mai 1900.

(2) Avis du Bureau international (*Prop. ind.*, avril 1901).

Les autorités ne seront pas tenues d'effectuer la saisie en cas de transit (1).

Les deux derniers paragraphes de l'article 9 ont été ajoutés par l'Acte additionnel du 14 décembre 1900.

La Conférence de Madrid, dans l'Arrangement du 14 avril 1891 concernant la répression des fausses indications de provenance, avait déjà admis une disposition analogue. Nous lisons, en effet, dans les 3e et 4e alinéas de l'article 1er de cet arrangement : « Si la législation d'un Etat n'admet pas la saisie à l'importation, cette saisie sera remplacée par la prohibition d'importation. — Si la législation d'un État n'admet pas la saisie à l'intérieur, cette saisie sera remplacée par les actions et moyens que la loi de cet État assure en pareil cas aux nationaux. »

ART. 10. — *Les dispositions de l'article précédent seront applicables à tout produit portant faussement, comme indication de provenance, le nom d'une localité déterminée, lorsque cette indication sera jointe à un nom commercial fictif ou emprunté dans une intention frauduleuse.*

Est réputée partie intéressée tout producteur, fabricant ou commerçant, engagé dans la fabrication ou le commerce de ce produit, et établi soit dans la localité faussement indiquée comme lieu de provenance, soit dans la région où cette localité est située.

1. — L'article 10, qui prévoit la saisie des produits munis de fausses indications de provenance, se trouve complété par l'Arrangement de Madrid du 14 avril 1891 concernant la *Répression des fausses indications de provenance* et dont nous reproduisons le texte plus loin (p. 29).

2. — La Convention de 1883 indiquait seulement comme étant réputé partie intéressée « tout fabricant ou commerçant » ; l'Acte additionnel du 14

décembre 1900 a ajouté « *tout producteur* ». Il en résulte, sans hésitation possible désormais, que les agriculteurs et autres producteurs, qu'on ne saurait ranger parmi les industriels ou les commerçants, pourront invoquer les dispositions de l'article 10.

3. — La Convention de 1883 exigeait que la partie intéressée fût établie dans la *localité* faussement indiquée comme lieu de provenance. L'Acte additionnel du 14 décembre 1900 a étendu le rayon dans lequel peut se trouver la partie intéressée : il suffira désormais que son établissement se trouve dans la *région* où cette localité est située.

ART. 10bis. — *Les ressortissants de la Convention (articles 2 et 3) jouiront, dans tous les États de l'Union, de la protection accordée aux nationaux contre la concurrence déloyale.*

Cet article 10bis a été ajouté à la Convention de 1883 par l'Acte additionnel du 14 décembre 1900, afin d'admettre la *concurrence déloyale* à la même protection que les brevets, les marques et les dessins ou modèles. C'était évidemment par suite d'une simple omission que la Convention de 1883 l'avait omise.

ART. 11. — *Les hautes parties contractantes accorderont, conformément à la législation de chaque pays, une protection temporaire aux inventions brevetables, aux dessins ou modèles industriels, ainsi qu'aux marques de fabrique ou de commerce, pour les produits qui figureront aux expositions internationales officielles ou officiellement reconnues, organisées sur le territoire de l'une d'elles.*

1. — La Convention de 1883 portait : « Les hautes parties contractantes s'engagent à accorder une protection temporaire, etc. » La modification du texte de l'article 11 ci-dessus résulte de l'Acte additionnel du 14 décembre 1900. Les mots : *organisées sur le territoire de l'une d'elles* ont été ajoutés par ce même Acte.

2. — Il résulte de cette nouvelle ré-

(1) Avis du Bureau international (*Prop. ind.*, avril 1901).

daction que la protection accordée par l'article 4 est due par toutes les parties contractantes en ce qui concerne les expositions organisées sur le territoire de l'une d'elles ; elle s'étend donc à l'ensemble du territoire de l'Union, tout comme le droit de priorité établi par l'article 4.

3. — Aux termes d'une des décisions prises par la Conférence de Rome de 1886, la protection temporaire, prévue par l'article 11 ci-dessus, consiste dans un délai de priorité s'étendant au minimum jusqu'à six mois à partir de l'admission du produit à l'exposition, et pendant lequel l'exhibition, l'application ou l'emploi non autorisé par l'ayant droit, de l'invention, du dessin, du modèle ou de la marque ainsi protégés, ne pourrait pas empêcher celui qui a obtenu ladite protection temporaire de faire valablement, dans ledit délai, la demande de brevet ou le dépôt nécessaire pour s'assurer la protection dans tout le territoire de l'Union.

Chaque État aura la faculté d'étendre ledit délai (1).

La susdite protection temporaire n'aura d'effet que si, pendant sa durée, il est présenté une demande de brevet ou fait un dépôt en vue d'assurer à l'objet auquel elle s'applique la protection définitive dans un des États contractants.

4. — Les inventions brevetables, auxquelles la protection provisoire aura été accordée, devront être notifiées au Bureau international de Berne et faire l'objet d'une publication dans l'organe officiel dudit bureau.

ART. 12. — *Chacune des hautes parties contractantes s'engage à établir un service spécial de la propriété industrielle et un dépôt central pour la communication au public des brevets d'invention, des dessins ou modèles industriels ou des marques de fabrique ou de commerce.*

1. — L'article 12 de la Convention est complété par le n° 5 du Protocole de clôture ainsi conçu : « L'organisation du service spécial de la propriété individuelle mentionné à l'article 12 comprendra autant que possible, la publication dans chaque Etat, d'une feuille officielle périodique. »

2. — Les Etats unionistes qui, pour se conformer à l'article 12 de la Convention, publient une feuille officielle périodique et ont organisé un service spécial de la propriété industrielle, sont actuellement les suivants : Belgique, Danemark, Espagne, Etats-France,Unis, Grande-Bretagne, Italie, Norwège, Pays-Bas, Portugal, Serbie. Suède, Suisse, Tunisie.

3. — Outre ces publications nationales, les Etats unionistes publient chaque mois une feuille officielle qui porte le titre de *La Propriété industrielle* ; son premier numéro est du 1er janvier 1885 ; le prix de l'abonnement annuel est de 5 fr. 60 pour les pays faisant partie de l'Union postale ; les abonnements sont reçus chez Jent et Reinert, imprimeurs à Berne.

ART. 13. — *Un office international sera organisé sous le titre de Bureau international de l'Union pour la protection de la propriété industrielle.*

Ce bureau, dont les frais seront supportés par les administrations de tous les Etats contractants, sera placé sous la haute autorité de l'administration supérieure de la Confédération suisse, et fonctionnera sous sa surveillance Ses attributions en seront déterminées d'un commun accord entre les États de l'Union.

1. — Le directeur du bureau international est M. Henri Morel, à l'obligeance duquel on ne s'adresse jamais en vain.

2. — Les dépenses du bureau international, institué par l'article 13 de la Convention de 1883, sont supportées en commun par les États contractants, et ne peuvent dépasser, en au-

---

(1) Les délais de priorité de douze et de quatre mois, mentionnés au § 3 de l'arti-

cle 4 de la Convention de 1883, sont indépendants de ceux dont il est ici question.

cun cas, la somme de soixante mille francs par année. La part contributive de chacun des États contractants dans cette somme totale de frais a été déterminée, par le paragraphe 6 du protocole de clôture de la Convention de 1883, suivant l'importance même de ces divers États au point de vue de l'intérêt que leurs citoyens peuvent avoir à l'exécution de cette Convention.

L'administration suisse surveille les dépenses du bureau international, fait les avances nécessaires et établit le compte annuel, qui est communiqué à toutes les autres administrations.

3.— Le bureau international centralise les renseignements de toute nature relatifs à la protection de la propriété industrielle et les réunit en une statistique générale qui est distribuée à toutes les administrations. Il procède aux études d'utilité commune intéressant l'Union et rédige, à l'aide des documents qui sont mis à sa disposition par les diverses administrations, une feuille périodique, en langue française, sur les questions concernant l'objet de l'Union.

Les numéros de cette feuille, de même que tous les documents publiés par le bureau international, sont répartis entre les administrations des États de l'Union.

4.— Le bureau international doit se tenir en tout temps à la disposition des membres de l'Union, pour leur fournir, sur les questions relatives au service international de la propriété industrielle, les renseignements spéciaux dont ils pourraient avoir besoin. Il est tenu de fournir gratuitement aux diverses administrations les renseignements qu'elles pourront lui demander sur les questions relatives à la propriété industrielle.

Les mêmes renseignements seront fournis aux particuliers domiciliés dans le territoire de l'Union, moyennant une taxe de un franc par renseignement demandé. Cette taxe pourra être payée en timbres-poste des divers États contractants.

La langue officielle du bureau international est la langue française.

Art. 14. — La présente Convention sera soumise à des revisions périodiques en vue d'y introduire les améliorations de nature à perfectionner le système de l'Union.

A cet effet, des Conférences auront lieu successivement, dans l'un des États contractants, entre les délégués desdits États.

La première Conférence a eu lieu à Rome du 29 avril au 11 mai 1886 ; la seconde à Madrid du 2 au 14 avril 1890 ; la troisième à Bruxelles, du 1er au 14 décembre 1897 (1re session) et du 11 au 15 décembre 1900 (2e session).

Art. 15. — Il est entendu que les hautes parties contractantes se réservent respectivement le droit de prendre, séparément entre elles, des arrangements particuliers pour la protection de la propriété industrielle. en tant que ces arrangements ne contreviendraient point aux dispositions de la présente Convention.

Le 15 juin 1892, a été ratifié un arrangement concernant la *Répression des fausses indications de provenance sur les marchandises* intervenu, conformément à l'article 15 de la Convention de 1883 ci-dessus, à la date du 14 avril 1891, entre le Brésil, l'Espagne, la France, la Grande-Bretagne, le Guatémala, le Portugal, la Suisse et la Tunisie.

Un second arrangement, conclu le 14 avril 1891 entre les mêmes États, a été également ratifié à la même date (15 juin 1892), concernant l'*Enregistrement international des marques de fabrique et de commerce.*

Art. 16. — Les États qui n'ont point pris part à la présente Convention seront admis à y adhérer sur leur demande.

Cette adhésion sera notifiée par la voie diplomatique au gouvernement de la Confédération suisse, et par celui-ci à tous les autres.

Elle emportera, de plein droit,

accession à toutes les clauses et admission à tous les avantages stipulés par la présente Convention, et produira ses effets un mois après l'envoi de la notification faite par le gouvernement suisse aux autres États unionistes, à moins qu'une date postérieure n'ait été indiquée par l'État adhérent.

1. — Le 3ᵉ paragraphe de l'article 16 a été complété à partir des mots : « *et produira ses effets...* » par l'Acte additionnel du 14 décembre 1900.

2. — Lorsqu'un nouvel État adhère à la Convention, — avait-on dit à la Conférence de Rome de 1886, — la date de la note par laquelle son accession est annoncée au Conseil fédéral suisse sera considérée comme celle de l'entrée dudit État dans l'Union, à moins que son gouvernement n'indique une date d'accession postérieure.

ART. 17. — *L'exécution des engagements réciproques contenus dans la présente Convention est subordonnée, en tant que de besoin, à l'accomplissement des formalités et régles établies par les lois constitutionnelles de celles des hautes parties contractantes qui sont tenues d'en provoquer l'application, ce qu'elles s'obligent à faire dans le plus bref délai possible.*

ART. 18. — *La présente Convention sera mise à exécution dans le délai d'un mois à partir de l'échange des ratifications et demeurera en vigueur pendant un temps indéterminé, jusqu'à l'expiration d'une année à partir du jour où la dénonciation en sera faite.*

Ces deux derniers articles n'appellent pas de commentaires et ont été exécutés sans difficultés par tous les États contractants.

(1) L'Arrangement de 1891 est, en outre, applicable dans les Colonies respectives des pays adhérents désignées comme participant à l'Union générale de 1883 (voir ci-dessus, p. 189).

ENREGISTREMENT INTERNATIONAL

DES

Marques de fabrique ou de commerce

ARRANGEMENT DU 14 AVRIL 1891

MODIFIÉ PAR

l'Acte additionnel du 14 décembre 1900.

D'après la Convention du 20 mars 1883, l'industriel ou le commerçant qui veut s'assurer le droit de poursuivre les contrefaçons commises dans le ressort de l'Union doit (art. 6) opérer le dépôt de sa marque dans tous les pays signataires. De là des formalités longues et coûteuses que l'Arrangement de Madrid du 14 avril 1891 a eu pour but de rendre rapides et peu onéreuses.

En effet, aux termes de cet Arrangement, actuellement ratifié par la Belgique, le Brésil, l'Espagne, la France, l'Italie, les Pays-Bas, le Portugal, la Suisse et la Tunisie (1), une demande unique est faite dans le pays d'origine de la marque et transmise par l'administration locale au *Bureau international de la propriété industrielle*, organe central officiel de l'Union, à *Berne*. Celui-ci, après inscription au registre international, avise à son tour les États dans lesquels l'Arrangement est en vigueur, et dès lors la protection est de droit dans toute l'étendue de l'Union restreinte, l'enregistrement international produisant dans chaque pays adhérent les mêmes effets que si le dépôt y avait été effectué directement. L'avantage se résume donc en ceci : un seul dépôt par marque à faire par l'intéressé dans son propre pays. On voit immédiatement combien cette procédure est simple, expéditive et économique.

La protection résultant de l'enregistrement au Bureau international de Berne dure vingt ans, et peut être renouvelée. Cependant, lorsqu'une marque cesse de jouir de la protection légale dans le pays d'origine, l'enregistrement international interrompt en même temps ses effets. Mais le renouvellement du dépôt national suffit pour mettre fin à cette interruption.

Le Bureau international de la propriété industrielle, à Berne, fournit sans frais les renseignements complémentaires qui lui sont demandés. Il publie les marques déposées dans un recueil spécial, *Les Marques internationales*, supplément ajouté à son organe officiel, *La Propriété industrielle* (1).

Voici le texte de l'Arrangement de Madrid du 14 avril 1891 :

ART. 1er. — Les sujets ou citoyens de chacun des Etats contractants pourront s'assurer, dans tous les autres Etats, la protection de leurs marques de fabrique ou de commerce acceptées au dépôt dans le pays d'origine, moyennant le dépôt desdites marques au Bureau international, à Berne, fait par l'entremise de l'administration dudit pays d'origine.

ART. 2. — Sont assimilés aux sujets ou citoyens des Etats contractants les sujets ou citoyens des Etats n'ayant pas adhéré au présent Arrangement qui, sur le territoire de l'Union restreinte constituée par ce dernier (2), satisfont aux conditions de l'article 3 de la Convention.

ART. 3. — Le Bureau international enregistrera immédiatement les marques déposées conformément à l'article 1er. Il notifiera cet enregistrement aux Etats contractants. Les marques enregistrées seront publiées dans un supplément au journal du Bureau international, au moyen d'un cliché fourni par le déposant (3).

Si le déposant revendique la couleur à titre d'élément distinctif de sa marque, il sera tenu :

1° De le déclarer et d'accompagner son dépôt d'une description qui fera mention de la couleur ;

2° De joindre à sa demande des exemplaires de ladite marque en couleur, qui seront annexés aux notifications faites par le Bureau international. Le nombre de ces exemplaires sera fixé par le règlement d'exécution (4).

En vue de la publicité à donner dans les divers Etats aux marques ainsi enregistrées, chaque administration recevra gratuitement du Bureau international le nombre d'exemplaires de la susdite publication qu'il lui plaira de demander.

ART. 4. — A partir de l'enregistrement ainsi fait au Bureau international, la protection dans chacun des Etats contractants sera la même que si la marque avait été directement déposée.

ART. 4bis. — Lorsqu'une marque déjà déposée, dans un ou plusieurs des Etats contractants, a été postérieurement enregistrée par le Bureau international au nom du même titulaire ou de son ayant cause, l'enregistrement international sera considéré comme substitué aux enregistrements nationaux antérieurs, sans pré-

---

(1) *La Propriété industrielle* paraît par livraisons mensuelles dans lesquelles sont traitées toutes les questions concernant les brevets d'invention, les dessins et modèles industriels, les marques de fabrique et de commerce, le nom commercial et les indications de provenance (études doctrinales, législation et jurisprudence internationales, avis et renseignements, nouvelles, statistique, bibliographie).

(2) Les mots : *sur le territoire de l'Union restreinte constituée par ce dernier*, ont été ajoutés par l'Acte additionnel du 14 décembre 1900. — Il faut être domicilié ou posséder un établissement industriel ou commercial sur le territoire de l'Union restreinte pour être en droit de déposer sa marque à l'enregistrement international. Les personnes qui remplissent l'une ou l'autre de ces conditions sont assimilées aux sujets ou citoyens de l'Etat où elles sont domiciliées ou établies. Il n'y a donc, en cette création, aucune différence entre les ressortissants d'un Etat unioniste et ceux d'un Etat unioniste qui n'a pas adhéré à l'Arrangement de Madrid. Avis du Bureau international (*Prop. ind.*, novembre 1896).

(3) L'Arrangement de 1891 disait : au moyen soit d'un dessin, soit d'une *description* présentée en langue française par le déposant. L'Acte additionnel du 14 décembre 1900 rend au contraire le *dépôt d'un cliché obligatoire* pour toutes les marques, ce qui permettra de publier un fac-similé de chacune d'elles, tandis que, jusqu'à présent, certaines marques n'ont été publiées que par description.

(4) Ces trois paragraphes, réglant le cas particulier où le déposant revendique la *couleur* de sa marque, ont été ajoutés par l'Acte additionnel du 14 décembre 1900.

judice des droits acquis par le fait de ces derniers (1).

Art. 5. — Dans les pays où leur législation les y autorise, les administrations auxquelles le Bureau international notifiera l'enregistrement d'une marque auront la faculté de déclarer que la protection ne peut être accordée à cette marque sur leur territoire (2). Un tel refus ne pourra être opposé que dans les conditions qui s'appliqueraient, en vertu de la Convention du 20 mars 1883, à une marque déposée à l'enregistrement national (3).

Elles devront exercer cette faculté dans le délai prévu par leur loi nationale, et, au plus tard, dans l'année de la notification prévue par l'article 3, en indiquant au Bureau international leurs motifs de refus (4).

Ladite déclaration ainsi notifiée au Bureau international sera par lui transmise sans délai à l'Administration du pays d'origine et au propriétaire de la marque. L'intéressé aura les mêmes moyens de recours que si la marque avait été par lui directement déposée dans le pays où la protection est refusée.

Art. 5 bis. — Le Bureau international délivrera à toute personne qui en fera la demande, moyennant une taxe fixée par le règlement, une copie des mentions inscrites dans le registre relativement à une marque déterminée (5).

Art. 6. — La protection résultant de l'enregistrement au Bureau international durera vingt ans à partir de cet enregistrement, mais ne pourra être invoquée en faveur d'une marque qui ne jouirait plus de la protection légale dans le pays d'origine.

Art. 7. — L'enregistrement pourra toujours être renouvelé suivant les prescriptions des articles 1 et 3.

Six mois avant l'expiration du terme de protection, le Bureau international donnera un avis officieux à l'administration du pays d'origine et au propriétaire de la marque.

Art. 8. — L'Administration du pays d'origine fixera à son gré et percevra à son profit une taxe qu'elle réclamera du propriétaire de la marque dont l'enregistrement international est demandé.

A cette taxe s'ajoutera un émolument international de 100 francs pour la première marque et de 50 francs pour chacune des marques suivantes, déposées en même temps par le même propriétaire (6). Le produit annuel de cette taxe sera réparti par parts égales entre les Etats contractants par les soins du Bureau international, après déduction des frais communs nécessités par l'exécution de cet Arrangement.

---

(1) Ce nouvel article résulte de l'Acte additionnel du 14 décembre 1900. En considérant l'enregistrement international comme substitué à l'enregistrement national antérieur, on évitera des ennuis et des frais au propriétaire de la marque, sans lui enlever aucun des droits résultant du premier enregistrement.

(2) Au moment de la signature de l'Arrangement concernant l'enregistrement international des marques de fabrique ou de commerce, des doutes s'étant élevés au sujet de la portée de l'article 5, il a été bien entendu que la faculté de refus que cet article laisse aux administrations ne porte aucune atteinte aux dispositions de l'article 6 de la Convention du 20 mars 1883 et du paragraphe 4 du protocole de clôture qui l'accompagne, ces dispositions étant applicables aux marques déposées au Bureau international comme elles l'ont été et le seront encore à celles déposées directement dans tous les pays contractants.

(3) La dernière phrase du 1er paragraphe de l'article 5 a été ajoutée par l'Acte additionnel du 14 décembre 1900.

(4) L'Arrangement de 1891 disait simplement : « Elles devront exercer cette faculté dans l'année de la notification prévue par l'article 3. »

(5) Ce nouvel article résulte de l'Acte additionnel du 14 décembre 1900.

(6) Cette réduction de moitié de la taxe pour chaque marque en sus de la première, en cas de dépôt simultané de plusieurs marques, résulte de l'Acte additionnel du 14 décembre 1900.

Art. 9. — L'Administration du pays d'origine notifiera au Bureau international les annulations, radiations, transmissions et autres changements qui se produiront dans la propriété de la marque.

Le Bureau international enregistrera ces changements, les notifiera aux administrations contractantes et les publiera aussitôt dans son journal.

Art. 9 bis. — Lorsqu'une marque inscrite dans le registre international sera transmise à une personne établie dans un Etat contractant autre que le pays d'origine de la marque, la transmission sera notifiée au Bureau international par l'Administration de ce même pays d'origine. Le Bureau international enregistrera la transmission et, après avoir reçu l'assentiment de l'Administration à laquelle ressortit le nouveau titulaire, il la notifiera aux autres administrations et la publiera dans son journal.

La présente disposition n'a point pour effet de modifier les législations des Etats contractants qui prohibent la transmission de la marque sans la cession simultanée de l'établissement industriel ou commercial dont elle distingue les produits.

Nulle transmission de marque inscrite dans le registre international, faite au profit d'une personne non établie dans l'un des pays signataires, ne sera enregistrée (1).

Art. 10. — Les Administrations régleront d'un commun accord les détails relatifs à l'exécution du présent arrangement (2).

Art. 11. — Les Etats de l'Union pour la protection de la propriété industrielle, qui n'ont pas pris part au présent arrangement, seront admis à y adhérer sur leur demande et dans la forme prescrite par l'acticle 16 de la Convention du 20 mars 1883 pour la protection de la propriété industrielle.

Dès que le Bureau international sera

---

(1) Ce nouvel article a été ajouté à l'Arrangement de 1891 par l'Acte additionnel du 14 décembre 1900.

(2) Aux termes d'un décret du 25 avril 1893, toute personne domiciliée en France, propriétaire d'une marque de fabrique ou de commerce déposée conformément aux dispositions des lois des 23 juin 1857 et 3 mai 1898 et du décret réglementaire du 27 février 1891, qui désirera s'assurer dans les autres Etats la protection de cette marque par application de l'Arrangement ci-dessus visé du 14 avril 1891, devra verser à Paris, à la caisse du receveur central de la Seine, et, dans les départements, aux caisses des trésoriers-payeurs généraux ou des receveurs particuliers des finances, une somme de 25 fr., dont elle adressera le récépissé au *ministre du commerce et de l'industrie* (direction du commerce intérieur, Bureau de la propriété industrielle, à Paris), avec les pièces suivantes :

1° Une requête (sur papier libre) en vue d'obtenir l'enregistrement de ladite marque au Bureau international de la propriété industrielle, à Berne ;

2° Trois exemplaires de la marque conformes au modèle déposé conformément à l'article 3 du décret du 27 février 1891, portant règlement d'administration publique pour l'exécution de la loi du 23 juin 1857, modifiée par celle du 3 mai 1890 ;

3° Un cliché typographique de la marque ;

4° Un mandat postal de 100 francs au nom du Bureau international de la propriété industrielle, à Berne (le service de la Propriété industrielle institué au ministère du commerce et de l'industrie accepte les dépôts de marques pour l'enregistrement international sur la remise du talon constatant l'envoi au Bureau de Berne d'un mandat international de cent francs);

5° Une procuration spéciale dûment enregistrée, si la demande d'enregistrement est faite par un fondé de pouvoirs.

Le cliché typographique indiqué par le décret doit mesurer en épaisseur 24^{mm}, en longueur et en largeur au moins 15^{mm}, au plus 10 centimètres (le Bureau de Berne accepte par tolérance les clichés mesurant jusqu'à 12 centimètres). Lorsque la couleur constitue l'un des éléments distinctifs de la marque, on pourra joindre au dépôt trente exemplaires sur papier d'une reproduction en couleur de la marque.

Des dispositions législatives analogues ont été prises en Suisse (arrêté fédéral du 19 août 1892), en Belgique (arrêté du 23 mai 1893), en Espagne (décret du 13 décembre 1893), aux Pays-Bas (loi du 30 septembre 1893).

informé qu'un Etat a adhéré au présent arrangement, il adressera à l'administration de cet Etat, conformément à l'article 3, une notification collective des marques qui, à ce moment, jouissent de la protection internationale.

Cette notification assurera, par elle-même, auxdites marques, le bénéfice des précédentes dispositions sur le territoire de l'Etat adhérent et fera courir le délai d'un an pendant lequel l'administration intéressée peut faire la déclaration prévue par l'article 5.

ART. 12. — Le présent arrangement sera ratifié et les ratifications en seront échangées à Madrid dans le délai de six mois au plus tard. Il entrera en vigueur un mois à partir de l'échange des ratifications (1) et aura la même force et durée que la Convention du 20 mars 1883.

Règlement pour l'exécution de ~ l'Arrangement du 14 avril 1891.

ART. 1er. — Toute demande tendant à obtenir l'enregistrement international d'une marque de fabrique ou de commerce, en vertu de l'arrangement du 14 avril 1891, devra être adressée par le propriétaire de la marque à l'administration du pays d'origine en la forme que cette dernière pourra prescrire.

Chaque administration percevra pour l'enregistrement international un émolument de cent francs, plus une taxe qu'elle fixera à son gré et dont le montant lui sera acquis.

ART. 2. — Après avoir constaté que la marque est régulièrement enregistrée, l'administration du pays d'origine adressera au Bureau international de la propriété industrielle, à Berne :

A. — Une demande d'enregistrement, en double exemplaire, portant une représentation typographique de la marque et indiquant :

1° Le nom du propriétaire de la marque ;

2° Son adresse ;

3° Les produits ou marchandises auxquels la marque est appliquée ;

4° La date de l'enregistrement dans le pays d'origine ;

5° Le numéro d'ordre de la marque dans le pays d'origine.

La représentation typographique de la marque peut être remplacée par une description de cette dernière en langue française (2).

B. — Un cliché de la marque pour la reprodution typographique de cette dernière dans la publication qui en sera faite par le Bureau international. Ce cliché doit reproduire exactement la marque, de manière que tous les détails en ressortent visiblement ; il ne doit pas avoir moins de 15 millimètres ni plus de 10 centimètres, soit en longueur, soit en largeur. L'épaisseur exacte du cliché doit être de 24 millimètres, correspondant à la hauteur des caractères d'imprimerie. — Ce cliché sera conservé au Bureau international.

Si la reproduction typographique de la marque, prévue sous la lettre A, est remplacée par une simple description, le dépôt du cliché ne sera pas nécessaire (2).

C. — Si un des éléments distinctifs de la marque consiste dans sa couleur, il pourra être joint au dépôt trente exemplaires sur papier d'une reproduction en couleur de la marque.

D. — Un mandat postal de 100 francs formant le montant de l'enregistrement international.

La demande d'enregistrement sera

(1) L'échange des ratifications ayant eu lieu à Madrid le 15 juin 1892, le présent arrangement est donc en vigueur depuis le 15 juillet 1892, entre les Etats mentionnés plus haut.

(2) Nous avons dit (plus haut p. 19, note 3) que, désormais, le dépôt d'un cliché sera obligatoire et qu'une description sera insuffisante.

rédigée d'après la formule annexée au présent Règlement (1), ou d'après toute autre formule que les administrations des Etats contractants pourraient adopter ultérieurement d'un commun accord.

Le Bureau international remettra gratuitement aux administrations les formulaires nécessaires.

ART. 3. — Le Bureau international procédera sans retard à l'inscription de la marque dans un registre destiné à cet effet.

Ce registre contiendra les indications suivantes : 1° La date de l'enregistrement au Bureau international ; — 2° La date de la notification aux administrations contractantes ; — 3° Le numéro d'ordre de la marque ; — 4° Le nom du propriétaire de la marque ; — 5° Son adresse ; — 6° Les produits ou marchandises auxquels la marque est appliquée ; — 7° Le pays d'origine de la marque ; — 8° La date de l'enregistrement dans le pays d'origine ; — 9° Le numéro d'ordre de la marque dans le pays d'origine : — 10° Les mentions relatives à la radiation ou à la transmission de la marque. (Article 9 de l'Arrangement.)

ART. 4. — L'inscription une fois faite dans le registre, le Bureau international certifiera sur les deux exemplaires de la demande que l'enregistrement a eu lieu, et les revêtira tous deux de sa signature et de son timbre. Un de ces exemplaires restera dans les archives du Bureau ; l'autre sera renvoyé à l'administration du pays d'origine.

En outre, le Bureau international notifiera aux administrations l'enregistrement opéré, en envoyant à chacune d'elles une reproduction typographique, ou à défaut une description en langue française de la marque, et en leur indiquant : 1° La date de l'enregistrement au Bureau interna-

tional ; — 2° Le numéro d'ordre de la marque ; — 3° Le nom et l'adresse du déposant ; — 4° Les produits ou marchandises auxquels la marque est appliquée ; — 5° Le pays d'origine de la marque, ainsi que sa date d'enregistrement et son numéro d'ordre dans ledit pays.

Dans le cas prévu par l'article 2, lettre C, la susdite notification sera en outre accompagnée d'un des exemplaires de la reproduction en couleur de la marque.

ART. 5. — Le Bureau international pourvoira ensuite à la publication de la marque, qui aura lieu dans un supplément de son journal et qui consistera dans la reproduction de là marque, ou de la description de cette dernière en langue française, accompagnée des indications mentionnées à l'article 4, alinéa 2.

Au commencement de chaque année, le Bureau international fera paraître une table où seront indiqués, par ordre alphabétique et par Etat contractant, les noms des propriétaires des marques ayant fait l'objet des publications effectuées dans le cours de l'année précédente.

Chaque administration recevra gratuitement du Bureau international le nombre d'exemplaires qu'il lui plaira de demander du supplément contenant les publications relatives à l'enregistrement international.

ART. 6. — La déclaration notifiée au Bureau international aux termes de l'article 5 de l'arrangement (non admission d'une marque à la protection dans un pays) sera par lui transmise sans délai à l'administration du pays d'origine et au propriétaire de la marque.

ART. 7. — Les changements survenus dans la propriété d'une marque, et qui auront fait l'objet de la notification prévue par l'article 9 de l'Arrangement, seront consignés dans le registre du Bureau international. Ce

---

(1) Voir plus loin (p. 24) la formule dont 1 s'agit.

dernier les notifiera à son tour aux administrations contractantes et les publiera dans son journal.

Art. 8. — Six mois avant l'expiration du terme de protection de vingt ans, le Bureau international donnera un avis officieux à l'administration du pays d'origine et au propriétaire de la marque.

Les formalités à remplir pour le renouvellement de l'enregistrement international seront les mêmes que s'il s'agissait d'un enregistrement nouveau, sauf qu'il ne sera plus nécessaire d'envoyer de cliché.

Art. 9. — Au commencement de chaque année, le Bureau international établira un compte des frais de toute nature qui lui auront été occasionnés pendant l'année précédente par l'enregistrement international des marques. Le montant de ces frais sera déduit du total des sommes reçues des administrations à titre d'émolument pour l'enregistrement international, et l'excédent de recettes sera réparti par parts égales entre tous les Etats contractants.

Art. 10. — La notification collective prescrite par l'article 11 de l'Arrangement contiendra les mêmes indications que la notification prévue par l'article 4 du présent règlement.

Art. 11. — Le présent règlement sera exécutoire à partir du jour de la mise en vigueur de l'Arrangement du 14 avril 1891.

Les administrations contractantes pourront toujours y apporter, d'un commun accord, conformément aux dispositions de l'article 10 dudit arrangement, les modifications qui leur paraîtront nécessaires.

ENREGISTREMENT INTERNATIONAL

DES MARQUES DE FABRIQUE OU DE COMMERCE

Pays d'origine de la marque :

. . . .

> Place où une représentation de la marque
> doit être collée ou apposée.

1° Nom — du — ....
2° Profession — propriétaire — . . ..
3° Adresse — de la marque — .
4° Produits ou marchandises auxquels la marque est appliquée : . .. .
5° Date d'enregistrement — de la marque dans le — . . . .
6° N° d'ordre — pays d'origine — ....

L'Administration soussignée certifie que la marque ci-dessus est régulièrement déposée en . , et que les indications y relatives, sous chiffres 1 à 6, sont conformes au contenu du registre national des marques de fabrique ou de commerce.

Elle prie le Bureau international de la propriété industrielle, à Berne, d'inscrire cette marque dans le registre international.

L'émolument de 100 francs pour l'enregistrement international est adressé au Bureau international en un mandat postal.

le 190

(*Timbre*) ....

La marque ci-dessus a été inscrite dans le registre international sous le n° .... à la date du 190

Bureau international

(*Timbre*)   DE LA PROPRIÉTÉ INDUSTRIELLE :

.. . .

RÉPRESSION
DES
fausses indications de provenance
ARRANGEMENT DU 14 AVRIL 1891

L'Arrangement de] Madrid du] 14 avril 1891, concernant la *Répression des fausses indications de provenance*, n'a pas été modifié par la Conférence de Bruxelles de 1897 ou de 1900, certains États ayant émis l'avis que l'expérience n'avait pas encore démontré clairement les défectuosités qui avaient été signalées dans cet Arrangement et les perfectionnements dont il pouvait être susceptible.

Au surplus, les modifications proposées par le Bureau international de Berne consistaient surtout à donner une forme plus impérative au second alinéa de l'article 1er, en substituant aux mots : « la saisie pourra aussi *s'effectuer* », les mots : « la saisie pourra aussi *être réclamée* ». De plus, le Bureau avait proposé d'ajouter à l'article 2 un troisième alinéa donnant une définition du] terme *partie intéressée*, contenu dans le premier alinéa.

D'autre part, deux autres propositions avaient été formulées par les représentants de l'Espagne. La première tendait à éviter les inconvénients provenant de l'homonymie des noms de lieux de pays différents, employés comme indications de provenance pour les produits de même nature. La seconde tendait à établir le principe qu'il appartient aux autorités compétentes de chaque pays de déterminer en premier lieu l'existence et l'étendue des dénominations régionales de provenance se rapportant à leurs pays respectifs.

Voici le texte de l'Arrangement du 14 avril 1891 :

ART. 1er. — Tout produit portant une fausse indication de provenance dans laquelle un des Etats contractants ou un lieu situé dans l'un d'entre eux serait directement ou indirectement, indiqué comme pays ou comme lieu d'origine, sera saisi à l'importation dans chacun desdits États (1).

La saisie pourra aussi s'effectuer dans l'État où la fausse indication de provenance aura été apposée, ou dans celui où aura été introduit le produit

---

(1) Le 1er § de l'article ci-dessus nous paraît conçu en termes assez généraux pour atteindre toutes les fraudes actuellement réprimées par la législation française.

Rappelons ici que la répression des indications mensongères apposées sur les produits étrangers introduits en France est prévue par deux dispositions législatives, qui visent non seulement l'apposition mensongère d'une marque française ou d'un nom français, d'un nom de fabricant, de ville ou de région, mais encore toutes indications dolosives de nature à induire le public en erreur sur la provenance véritable du produit.

Tout d'abord, l'article 19 de la loi [du 23 juin 1857, sur les marques de fabrique et de commerce, dispose en ces termes :

« Tous produits étrangers, portant soit la marque, soit le nom d'un fabricant résidant en France, soit l'indication du nom ou du lieu d'une fabrique française, sont prohibés à l'entrée et exclus du transit et de l'entrepôt, et peuvent être saisis, en quelque lieu que ce soit, soit à la diligence de l'administration des douanes, soit à la requête du ministère public ou de la partie lésée.... »

D'autre part, l'article 15 de la loi du 11 janvier 1892 a été introduit dans la loi sur le tarif général des douanes afin d'atteindre plus sûrement des fraudes que la loi de 1857, strictement interprétée par la jurisprudence, laissait impunies. Cette seconde disposition sur la matière est ainsi conçue :

« Sont prohibés à l'entrée, exclus de l'entrepôt, du transit et de la circulation, tous produits étrangers, naturels ou fabriqués, portant, soit sur eux-mêmes, soit sur des emballages, caisses, ballots, enveloppes, bandes ou étiquettes, etc., une marque de fabrique ou de commerce, un nom, un signe, ou une indication quelconque de nature à faire croire qu'ils ont été fabriqués en France, ou qu'ils sont d'origine française.

» Cette disposition s'applique également aux produits étrangers, fabriqués ou naturels, obtenus dans une localité de même nom qu'une localité française, qui ne porteront pas, en même temps que le nom de cette localité, le nom du pays d'origine et la mention *importé* en caractères manifestement apparents. »

muni de cette fausse indication (2).

Si la législation d'un Etat n'admet pas la saisie à l'importation, cette saisie sera remplacée par la prohibition d'importation.

Si la législation d'un État n'admet pas la saisie à l'intérieur, cette saisie sera remplacée par les actions et moyens que la loi de cet État assure en pareil cas aux nationaux.

Art. 2. — La saisie aura lieu à la requête soit du ministère public, soit d'une partie intéressée, individu ou société, conformément à la législation intérieure de chaque État.

Les autorités ne seront pas tenues d'effectuer la saisie en cas de transit (3).

Art. 3. — Les présentes dispositions ne font pas obstacle à ce que le vendeur indique son nom et son adresse sur les produits provenant d'un pays différent de celui de la vente ; mais, dans ce cas, l'adresse ou le nom doit être accompagné de l'indication précise et en caractères apparents du pays ou du lieu de fabrication ou de production.

Art. 4. — Les tribunaux de chaque pays auront à décider quelles sont les appellations qui, à raison de leur caractère générique, échappent aux dispositions du présent arrangement, les appellations régionales de provenance des produits vinicoles n'étant cependant pas comprises dans la réserve statuée par cet article (1).

Art. 5. — Les États de l'Union pour la protection de la propriété industrielle qui n'ont pas pris part au présent Arrangement seront admis à y adhérer sur leur demande et dans la forme prescrite par l'article 16 de la Convention du 20 mars 1883 pour la protection de la propriété industrielle.

Art. 6. — Le présent Arrangement sera ratifié et les ratifications en seront échangées à Madrid dans le délai de six mois, au plus tard. Il entrera en vigueur un mois à partir de l'échange des ratifications (2), et aura la même force et durée que la Convention du 20 mars 1883.

---

(2) On remarquera la distinction que les rédacteurs de la convention ont pris soin d'introduire dans le paragraphe 1er, lequel vise les conditions imposées à la frontière, au moment où la marchandise étrangère entre en France, et celles exigées à l'intérieur une fois que cette marchandise a pénétré sur le territoire français. Lorsque le produit étranger arrive à la frontière, s'il porte une fausse indication de provenance, la saisie est obligatoire. Mais une fois que le produit a pénétré en France, qu'il a pu y subir des modifications qui lui ont donné une autre physionomie, un autre état civil, la difficulté de reconnaître la provenance a été une des raisons pour lesquelles le paragraphe 2 de l'article 1er a laissé la saisie facultative, en substituant dans le texte le mot « *pourra* » au mot « *sera* », réservant ainsi à l'administration un droit d'appréciation.

(3) La faculté inscrite dans le dernier alinéa de l'article 2 ci-dessus, existe au même degré pour tous les Etats signataires, même pour ceux dont la loi intérieure interdirait le transit des produits étrangers revêtus d'une fausse indication de provenance. Ainsi, par exemple, en France où le transit des produits étrangers revêtus d'une fausse indication de provenance est interdit (loi du 11 janvier 1892, art. 15), l'administration des douanes ne serait pas tenue d'effectuer la saisie au cas de transit (art. 2 de l'arrangement de Madrid) de produits espagnols, revêtus d'une marque suisse, à destination d'Italie. (En ce sens : P. Pic, *Journ. droit int. privé*, 1900, p. 313.)

(1) L'Arrangement de Madrid, sanctionné par la loi française du 13 avril 1892, s'applique aux noms de localités ayant acquis, par la supériorité de leurs produits, une notoriété et dont l'usage illicite pourrait avoir été fait antérieurement.

En édictant que les tribunaux ne pourraient considérer comme des appellations génériques exclues de l'arrangement les appellations régionales de provenance de produits vinicoles, l'article 4 de cet Arrangement a entendu interdire toute discussion sur le caractère des appellations de ce genre (arrêt de Rouen du 26 juin 1900).

(2) Les ratifications ayant été échangées à Madrid le 9 juin 1892, le présent arrangement est en vigueur depuis le 15 juillet 1892 entre les Etats mentionnés plus haut.

Une appellation régionale de provenance ne peut tomber dans le domaine public et, par suite, la dénomination de *Champagne* ne peut être donnée à des vins mousseux non champenois (Paris, 8 novembre 1892).

La Rochelle, Imprimerie Nouvelle Noël Texier et Fils.